Corina Finta
Punctul din mintea furtunii

Corina Finta

PUNCTUL
DIN MINTEA
FURTUNII

Descrierea CIP a Bibliotecii Naţionale a României
FINTA, CORINA
   Punctul din inima furtunii / Corina Finta. - Bucureşti : Berg, 2018
   ISBN 978-606-94618-5-3

821.135.1

DTP: Mihaela Sipoş
Copertă: Leila Sandra Coroian

ISBN: 978-606-94618-5-3

Editura Berg
www.edituraberg.ro
e-mail: redactia@edituraberg.ro

ATENȚIE!

Acest volum se adresează
celor care sunt mereu pe fugă,
au simțul umorului,
știu ce e acela sarcasmul
și câteodată vor să citească ceva
scurt și bun!

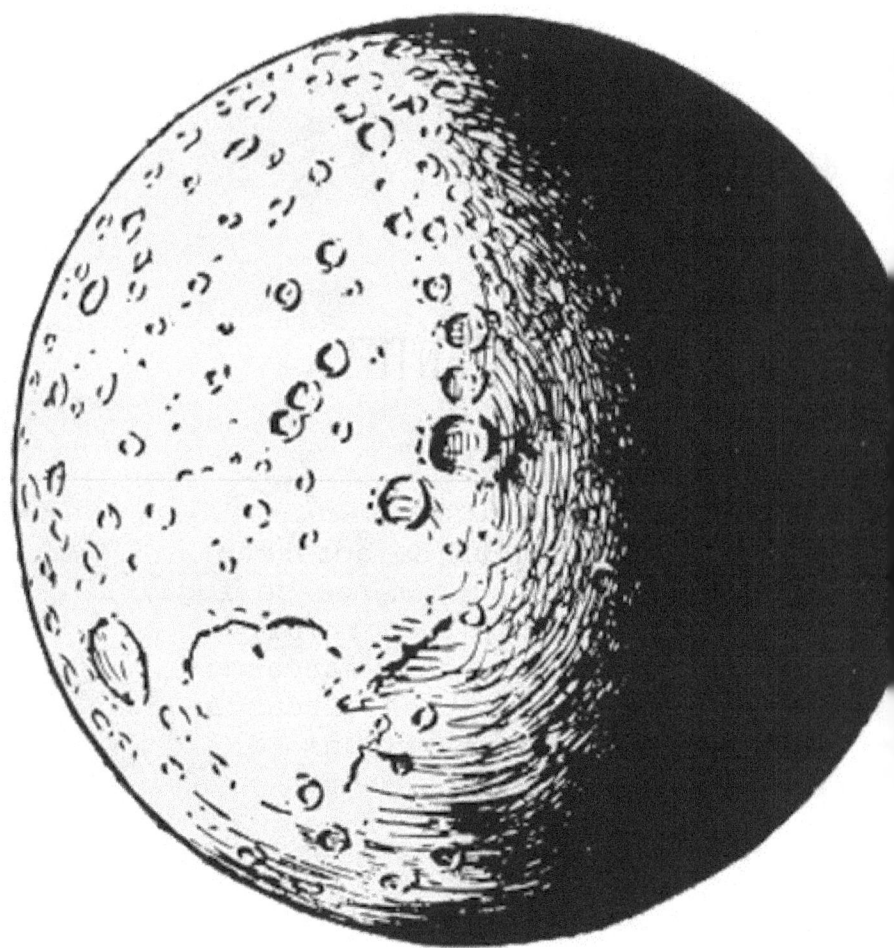

BUNĂ DIMINEAȚA!

Răsăritul mă găsește-n ceață
Azi e o altă bună dimineață
Soarele străluce printre nori
Și-i îmbie acum pe visători
Să găsească bucurie
Ca să poată să mai scrie
Despre vis și fericire,
Viață bună și iubire.

Harcea Parcea

Mă trezesc eu dimineața
Creierul mi-e harcea parcea.
Am o stare permanentă de rău
acumulat
De parc-o bombă chimică aș fi mâncat.
Capul mi-e cam greu și mă apasă,
Aș vrea să stau, să dorm, dar tre să
ies mereu din casă
Și durerea tot insistă, mă lovește,
nu mă lasă!

MAI...

Când crezi că totul merge bine
Vine drama şi te ţine
Nu te lasă să fii bine.
Bobârnac să îţi revii,
Poate nu mai faci prostii.
Să nu crezi că e uşor
Tu să fii un călător.
Aici cu greu se mai trăieşte
Şi din greu se mai munceşte.
Fericirea de-abia se mai găseşte!
Vine karma, te păzeşte
Te plesneşte, te trezeşte.

GRATEFUL DEAD

SCRIE-MI

Dacă ţi se pare că ai viaţa grea,
scrie-mi. Eu ţi-o voi povesti pe a
mea, iar tu vei răsufla uşurat.

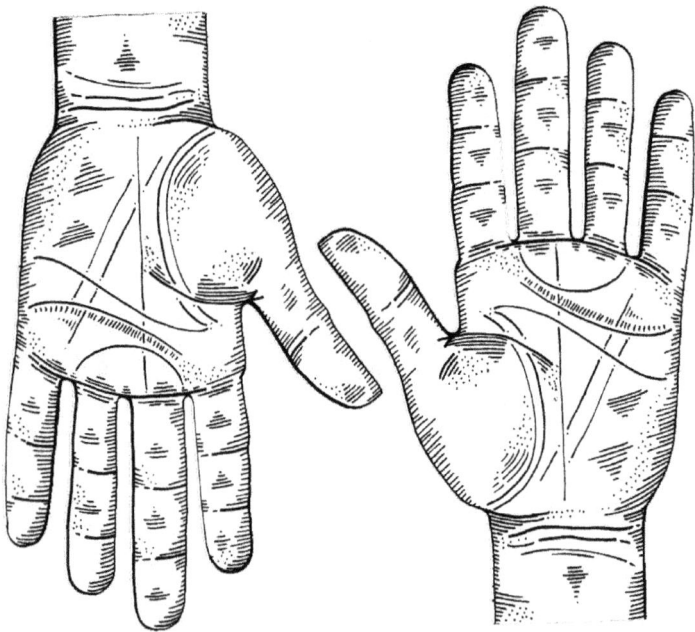

CÂND?

Suntem stele pe pământ
Ce ușor se pierd în vânt
Încet, încet ne pierdem strălucirea
Încercând să găsim nemurirea.
Suntem blestemați, aici
Suntem slabi și plini de frici,
Negăsindu-mi fericirea
Ne-am pierdut ușor cu firea.
Suntem bolnavi, neputincioși
Și luptăm cu mincinoși
Când vom fi și noi iar stele?
Când vor dispărea lichele?
Când vom fi iar liniștiți,
Fără a mai da de nesimțiți?
Când o să vedem nirvana?
Nu știu... dar...
Acolo sus ne e strana.

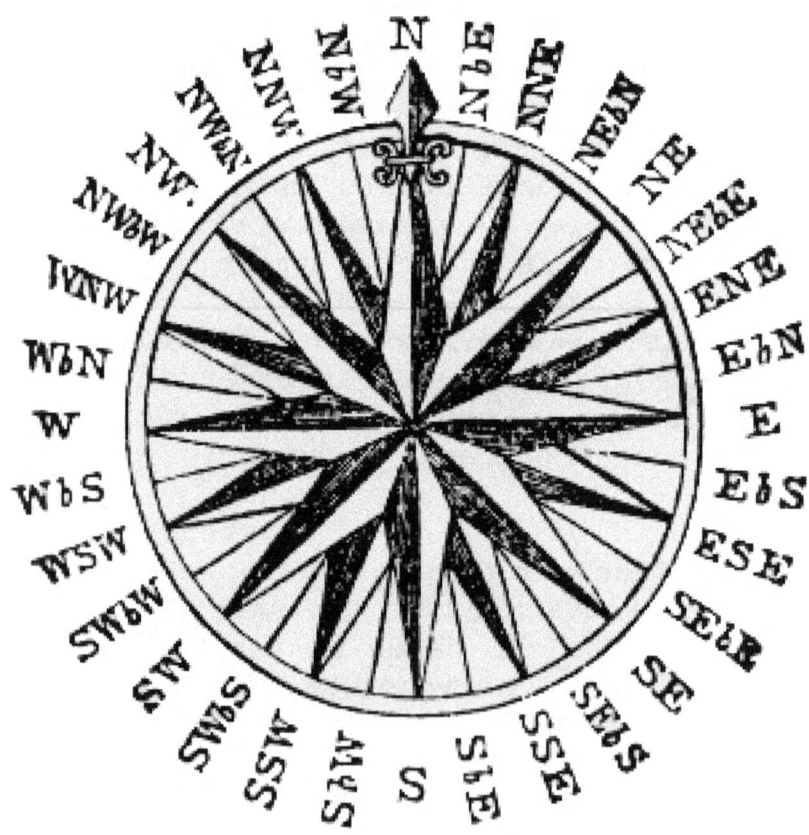

Dac-ar fi...

Starea mea de bine nu depinde doar
de tine
Dac-ar fi aşa, sincer m-aş cam sătura
Gândurile îmi dictează starea
Sunt mai negre decât marea
Oricât m-aş uita, nu văd soarele din
zare
O fi noros sau poate gri, nu prea văd
eu vreo scăpare
De-o furtună grea, năucitoare.
Mai mereu mă plâng ca un soi de
bocitoare
Şi mă-mpiedic de picioare,
Ale mele!
Gându-mi zburdă, n-are stare,
asta doare!
Că nu sunt prezent-aici să mă bucur
de-al meu soare.

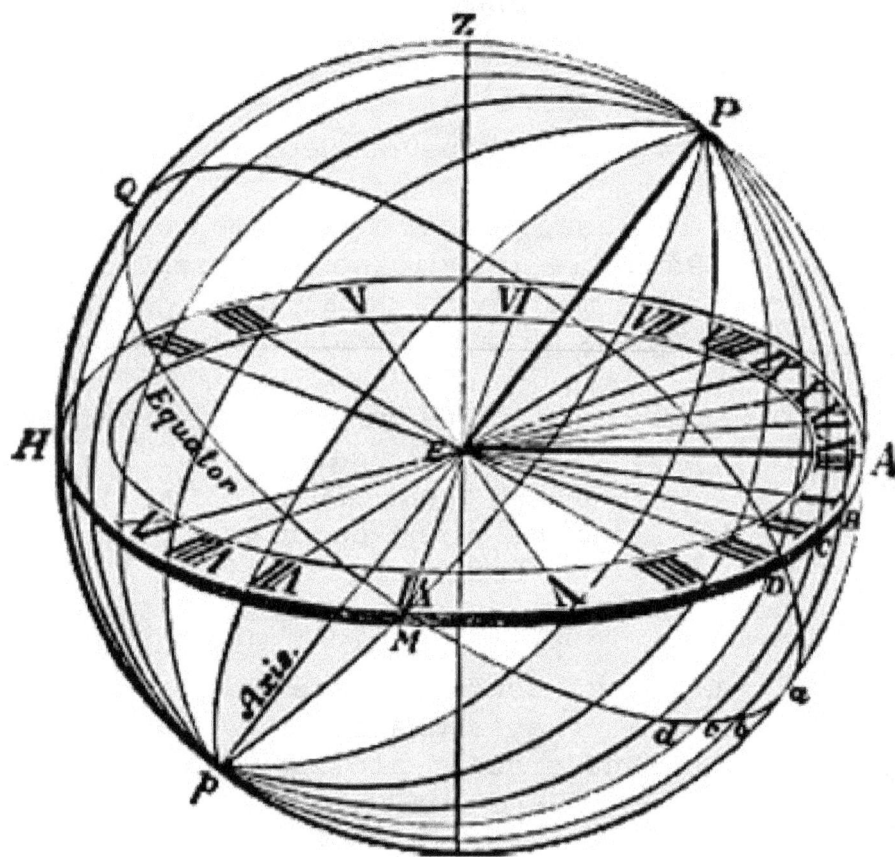

Z

P

Q

V   VI   VI

H   Equalor   A

Axis   M

a

d c

a

q c a

P

Te salut, zăpadă!

Versurile aleargă de nebune şi-acum
ştiu
De ce sângele-mi clocoteşte în vine
şi n-apuc să scriu
Totul pare să se piardă-n-ceaţă,
E târziu şi din nou e dimineaţă.
Ciorile croncăne triste-n ogradă
În nări simt parfum de ceartă
Două vrăbii leagănă pe-o coardă
Primăvara-i lângă mine, te salut,
zăpadă!

ȘTII, MAI ȘI CITEȘTE

În ziua de azi, lumea, știi, mai și
citește
Nu stă doar pe telefon, să știi, nu
se îndobitocește.
Cititul îți deschide mintea și-ți
încântă sufletul
Te încarcă spiritual și-ți aduce
zâmbetul
Nu-i ușor să fii manipulat
Mai ales când ai ceva „în cap"!
Spiritul de turmă pare să primeze-acum
Fără căpitan la bord, mulți se
rătăcesc pe drum.
Minciuna pare să se spargă ca un
balon de săpun
Oi rătăcite sunt doar cei ce se
supun!

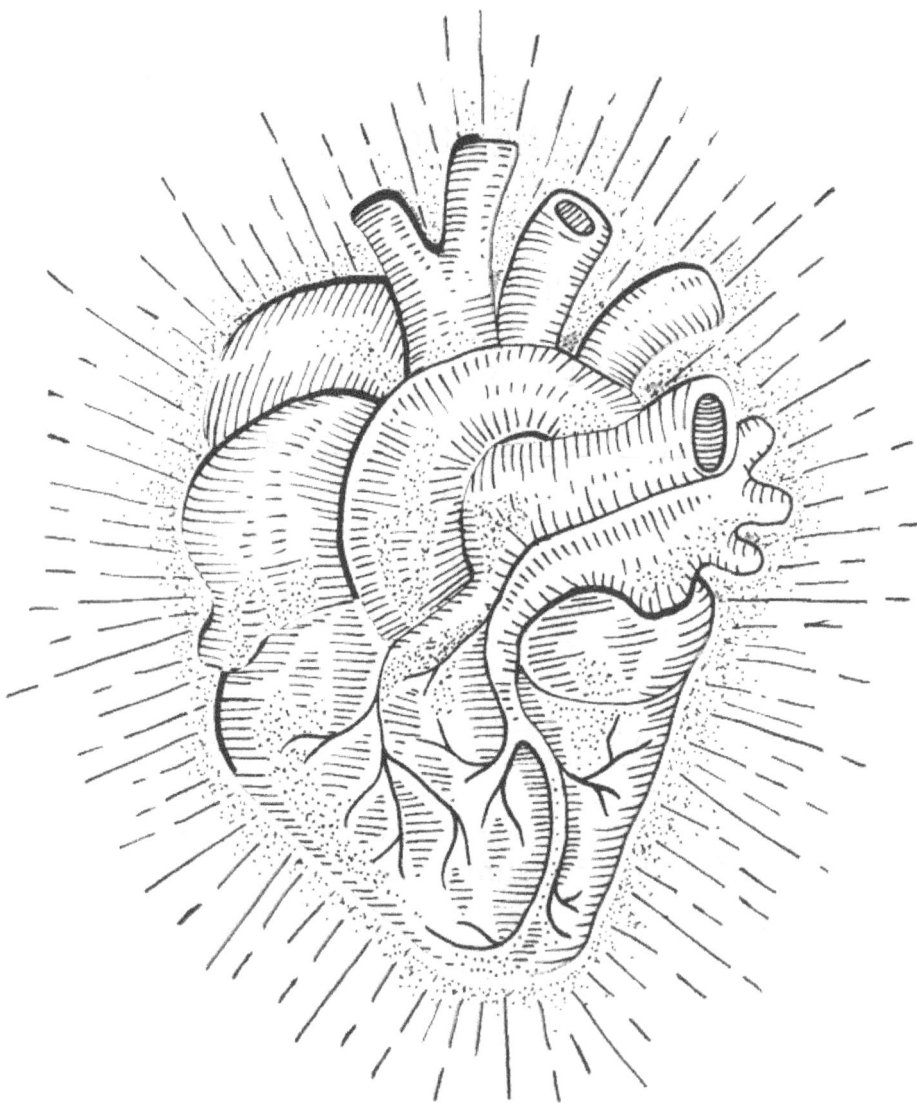

Stau cu ochii-n Soare

Stau cu ochii-n Soare,
Mai bine aşa decât la răcoare.
Norii negri-ncep s-apară
Stau tăcut şi-aprind o ţigară,
Viaţa nu e dulce, e mult prea amară
Îmi înmoi peniţa-n călimară
Şi-ncep să scriu cuvinte care par să
doară
Le-am mai scris, nu-i prima oară.
Zilnic, prezenţa ta mă omoară
M-ai sfâşiat, nu-i prima oară.
Rupi bucăţi din mine, în fine
Ştiu că-ţi place, o ştiu prea bine!

OM DIN MINE

Ţi-am dat sufletul, l-ai ciopârţit
Ţi-am dat gândurile, le-ai terfelit
Am să mă ridic de jos, în genunchi,
cum am să pot
Am păstrat totuşi ceva, n-aveam cum
să-ţi dau chiar tot.
Şi-am să fac iar om din mine
Ca-ntr-o zi să fiu iar bine.

PÂN'

Te voi duce pân' pe Lună
Pân' la Soare ca să-l vezi,
Tu ești lumea mea cea bună,
Tu ești eu, chiar de nu crezi.

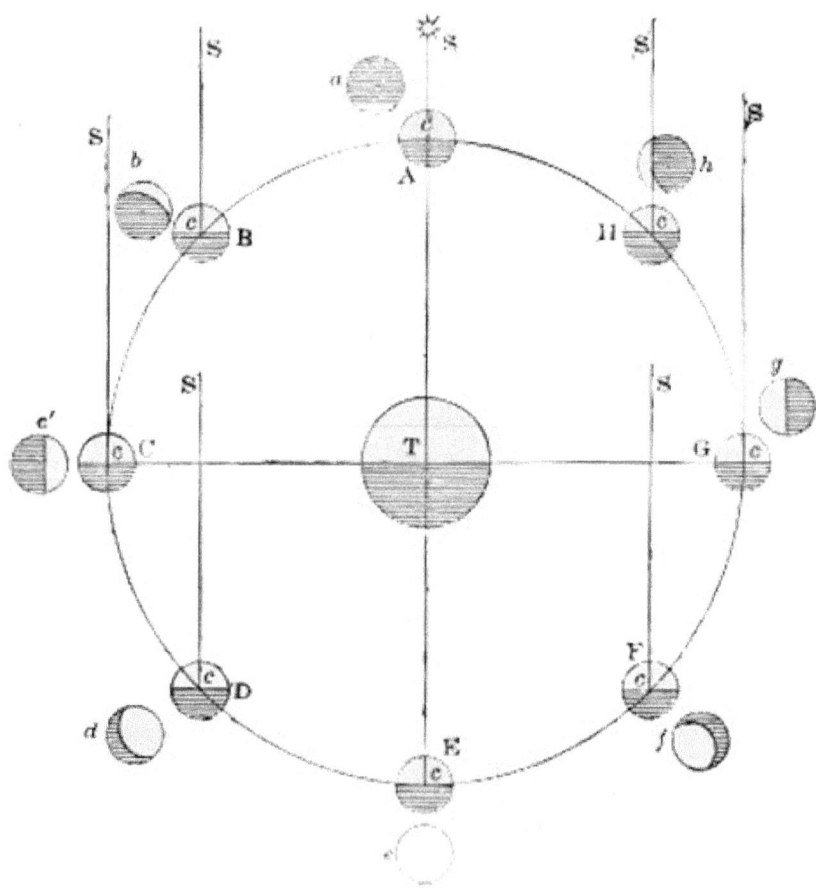

Chiar de-i greu

Necazul te pândește la tot pasul
Sunt mulți cei ce își bagă nasul
Unde poate n-ar prea trebui,
Chiar de-i greu, învață a te feri
De cel ce îți zâmbește-n față
Și te înjunghie în spate fără nici
măcar o greață.

CÂRNAȚ!

Dacă ești gras/ă nu-ți mai lua haine
mulate, în p$*@ mea, arăți ca un
cârnaț!

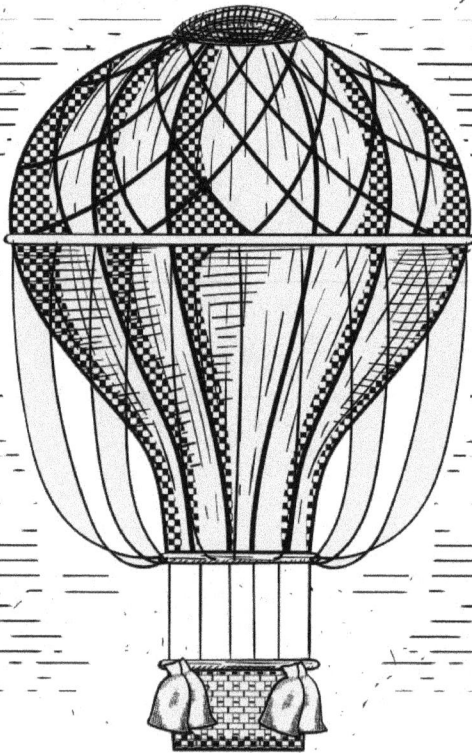

Un gând rătăcit printre roțile pătrate

Roţi pătrate se-nvârt în capul meu
Fac ce fac şi-s teleleu.
Mintea-mi zburdă mai mereu,
Nu eşti tu nebun aici, sunt eu!

CU FOLOS

Bucățile din suflet pe care le pun eu
pe hârtie
Cine știe?
Poate într-o zi îți vor fi de folos
și ție.

IM

Ne-nvârtim în cerc fără să știm,
Facem multe lucruri fără să gândim
Pare prea ușor să nu simțim
Nu vedem că mai greșim
Și ajungem să cerșim
Atenție! și iubire...
Sperând ca-ntr-un final să gustăm din
fericire.

MECANIC

De multe ori mă-ntreb ce-i ăla somn?
Când noaptea nu pot să mai dorm
Tot ce fac pare mecanic,
Sau dramatic, sistematic.
Zi de zi tot mai apatic
Mă-nchid în carapacea mea şi
practic,
Sunt un zombie umblător
Ce să fac, să merg? Să mor?
Luminiţa-i prea departe
O văd doar când Luna-i şapte
Zi de zi sunt nori şi ceaţă
Mă întreb: cât să mă chinui într-o
viaţă?

Ce nu se vede nu se ascunde

Şosete care nu se văd, chiloţi care nu se văd, sutiene care nu trebuie să se vadă, încercăm să le ascundem pe toate şi le ascundem aşa de bine, încât, de multe ori, nu se vede nici mintea...

ROBOTUL

E deja ora patru şi n-am adormit,
Sunt atât de obosit încât îmi vine
să vomit
Îmi iau hanoracul (simt că n-am
aer), merg să mă plimb
M-am transformat încet într-un
robot. Nu mint.
Nu mai gândesc şi nu mai simt.
Am închis ceva în suflet, dar am
pierdut cheia
Nimic nu mă mai mişcă, mi-am pierdut
ş-ideea.
Copilul din mine ar plânge dacă m-ar
vedea acum
Aş vrea să mă umanizez, dar sincer,
nu ştiu cum
Sufletu-i de piatră, nu-l sfărâmă
niciun tun
Robotul merge mai departe, neclintit
din al său drum.

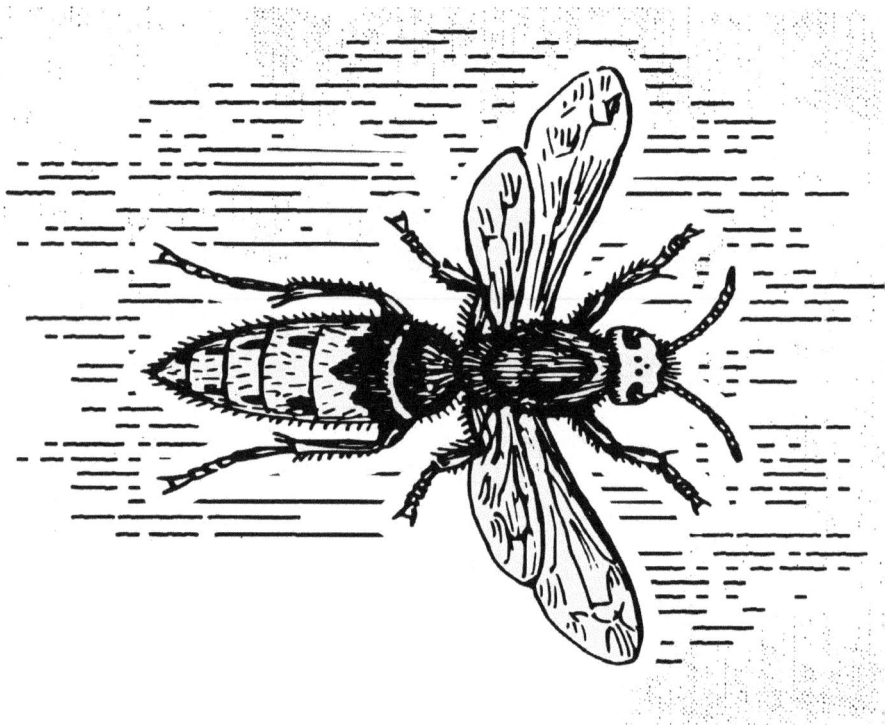

Urme adânci

Lacrimi de plumb se rostogolesc din
ochii tăi cei verzi,
Te-ntristezi că ştii că n-ai să le
mai vezi.
Îţi vine poate greu să crezi
Că nu mai poţi nici să maschezi
Ce simţi, că a fost şi nu mai este,
Că s-a terminat înc-o poveste.
Îţi rămân doar amintiri
Strict vorbind de despărţiri.
Despărţirea asta-i grea,
Ai mai vrea, dar inima
Nu te lasă să mai plângi
Lasă doar urme adânci.

Singur mă plimb

Nu mai pot privi viaţa ca pe-o stare
de bine
Am trecut prin multe şi m-am închis
în mine
Am uitat demult cum e să râzi ca
prostu'
Mi se pare aiurea şi nu-i văd rostu'
O fi existând şi viaţă mai frumoasă,
Dar pe strada mea e doar frig şi
gheaţă.
Nu văd vreo lumină licărind,
De prea multă vreme tot singur mă
plimb.
Nici ploaia nu-mi spală gândurile
întunecate
Trăiesc în vise, nu vreau să mă
trezesc la realitate
Mereu singur mă plimb tot târziu în
noapte,
Mereu singur mă plimb tot gândindu-
mă la toate.

Universul ăsta mic

Când sufletul ți-e mort și nu-ți mai
pasă de nimic,
Te simți mare-n Universul ăsta mic.

COȘMAR

În fiecare noapte am coșmaruri,
Stau sau mă mai plimb prin baruri.
Toate par a fi goale și totul parcă e
pustiu,
Nu văd culori în jurul meu, în jur e
totul cenușiu.

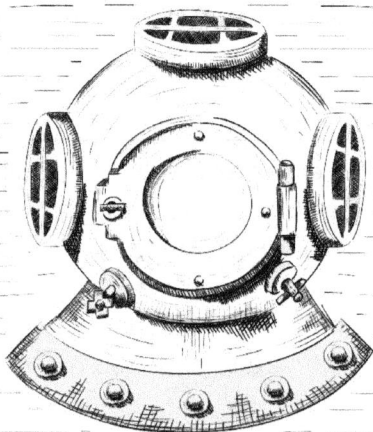

Un leu în pungă

Am încredere cam oarbă
Și-a-nceput să mă cam ardă.
Te trădează și te-aruncă
Când nu ai un leu în pungă
Când increderea-i pe interes
Dac-o faci poți da și greș.

BRUTĂ

Îmi place munca brută, mă ajută
Nu mă lasă să devin tot brută.
Mă ajută, scap de stres,
Mi se-ntâmplă foarte des.
Dau cu sapa, cu toporul,
De-am munci cu toţii-aşa,
s-ar mai destresa poporul!

ZÂMBETUL SUAV

Când am văzut acel zâmbet suav,
Mă gândeam la ce-i mai grav.
O vedeam atât de mică,
dar ea se credea voinică.
Știam că va putea muta și munții,
Chiar și cu puterea minții.
Știam că are-un suflet mare,
Că voința-i pân' la Soare.
Chiar de-o văd așa de mică,
Ea rămâne tot voinică.

PREA OBOSIT

Prea obosit să mai privesc,
Prea obosit să mai gândesc,
Prea obosit să-mi mai doresc,
Prea obosit să mai iubesc.
Sunt prea obosit să mai trăiesc...
M-am decis să rămân singur,
Între cei patru pereți, desigur.
M-am înconjurat de muguri,
Ca să uit de fier şi tuburi.
Filmul meu e-n altă lume,
Sunt tot mai sătul de glume,
Prea puţini îmi ştiu de nume,
Am plecat în a mea lume.
Sunt ciudat, lumea-i banală,
Mă priveau aşa din şcoală.
Nu mi-a prea păsat în viaţă,
Am trăit... trăiesc în castelul meu
de gheaţă.

PLOAIA

Ploaia mă îmbracă-ncet în frigul de
afară,
Tot încerc să-mi aprind înc-o
țigară,
Vântu-mi suflă-n flacăra cea caldă,
Picurii cei reci îmi ajung din nou
în barbă.
Tremur, că mi-e frig și vreau o cafă
caldă,
Merg grăbit, călcând din baltă-n
baltă.

BINE

Cea mai gogonată minciună este răspunsul „bine" la întrebarea „ce mai faci?"!

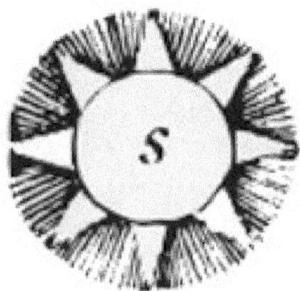

Propriul stăpân

Tu eşti propriul tău stăpân,
Nu mai trebuie să-ţi spun,
Tu alegi, e viaţa ta,
Chiar de-i bună sau de-i rea,
Tu alegi, e viaţa ta,
Tu decizi ce va urma.

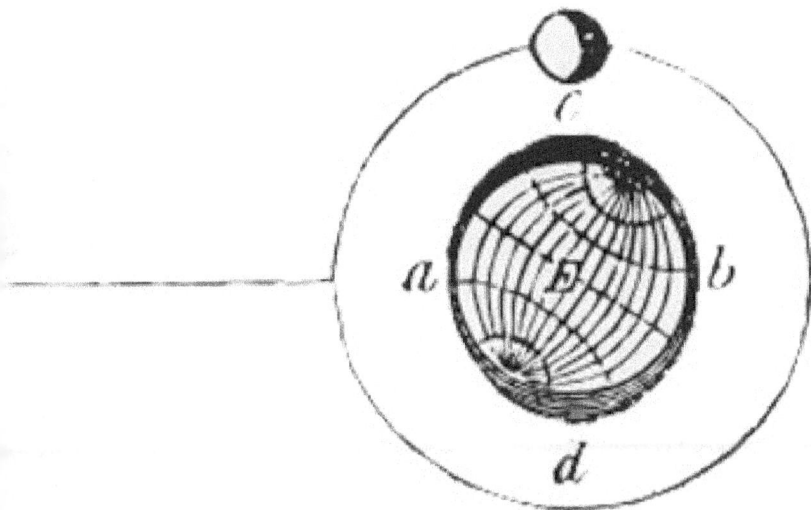

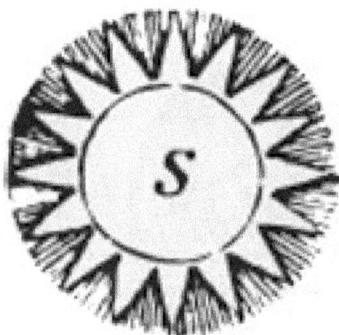

Fără cuvinte

Aş vrea să-ţi spun ceva frumos,
Dar să ştii că n-are rost,
Mă cunoşti deja prea bine,
Ştii ce gânduri trec prin mine.
Doar tu ştii ce am în minte,
Când mă laşi fără cuvinte.

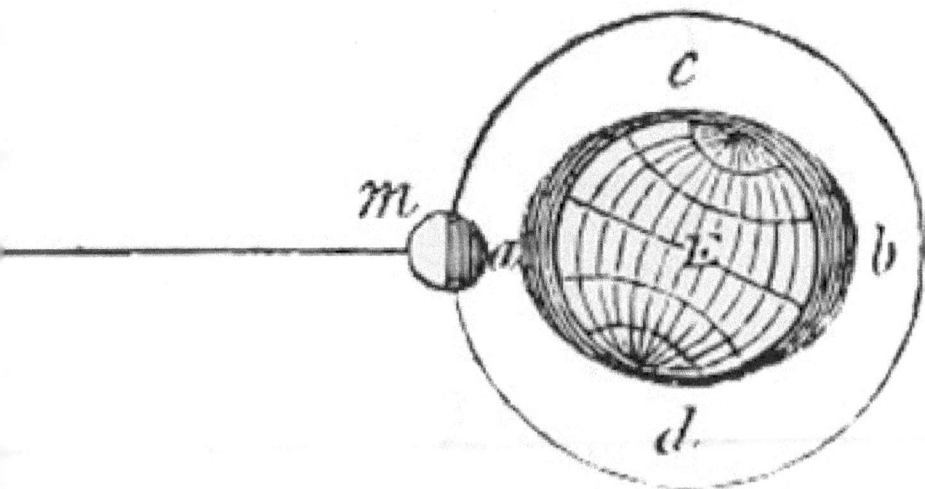

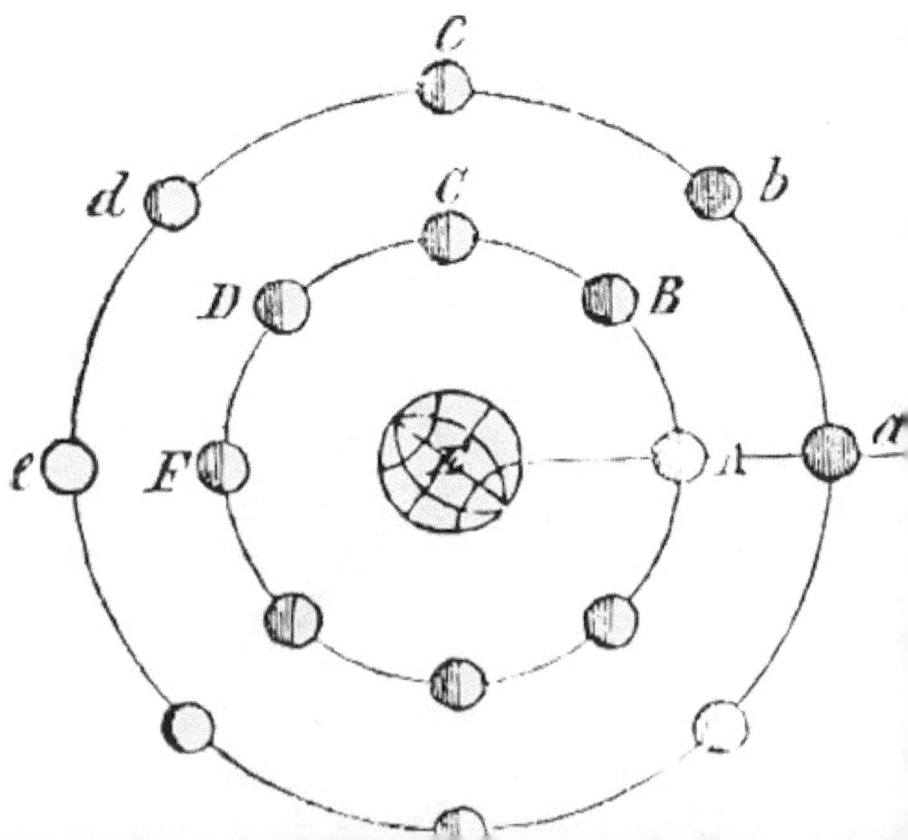

Omul uită

E ciudat cum omul uită,
Cum e când alţii te uită.
Cum a plâns de-atâtea ori,
De cu noapte până-n zori.
E aproape cel departe
şi deşi n-are dreptate,
Tot îi face piedestal,
Celui ce e doar şacal.
Omul uită mai mereu,
cine-i om cu el la greu.

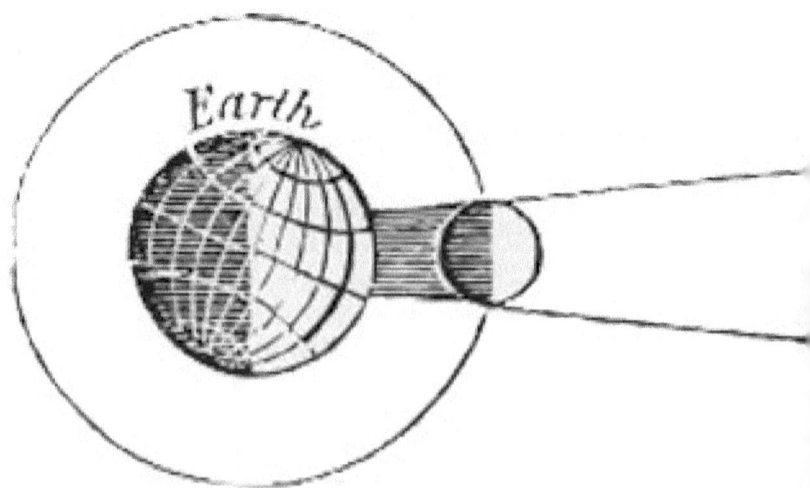

CADOU

Niciodată n-o să primești cât de
mult tu dăruiești,
Tu să nu spui că te-oprești până să
te-obișnuiești.
Mai așteaptă până crești,
Afecțiunea n-o cerșești,
De-ajungi singur, n-o să-nebunești.
E o chestiune de obișnuință,
Fii tu tare, dacă asta-i cu putință!

Sun

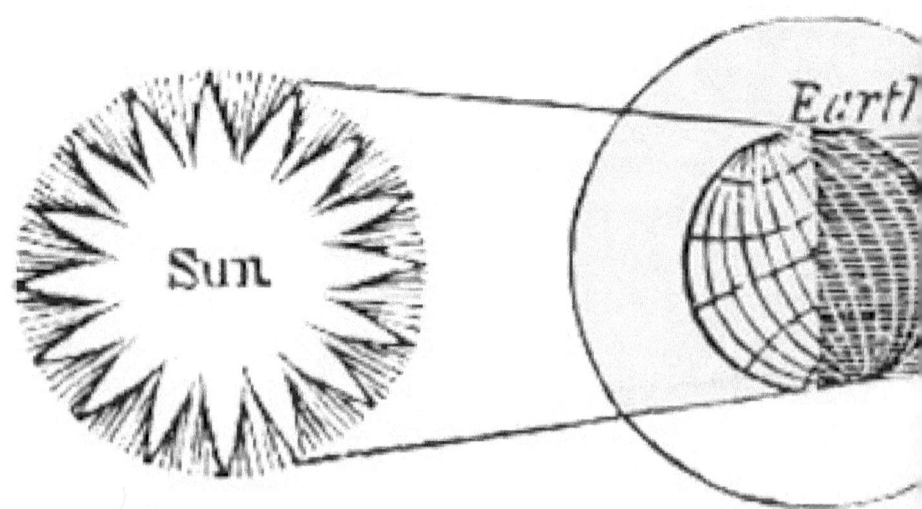

Sun

Earth

VESTĂ DE SALVARE

N-ai de ce să mă salvezi,
Sunt mai tare decât crezi.
Oricum nava asta e-n derivă,
Stai relax, n-ai nicio vină.
Marea mea-i învolburată,
Nu-i nici lină, nu-i nici beată.
Viaţa mea-i prea agitată,
Stai atent, ţi-o spun o dată,
Totul pare mult pre-alert,
Tu să stai şi să priveşti... pentru
mine n-are sens.

Moon

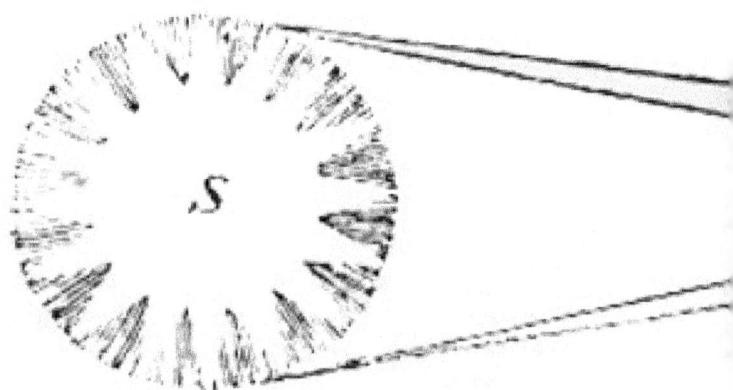

CUGET DE ÎNCHEIERE

Pentru toți cei care au crezut și
n-au crezut în mine!

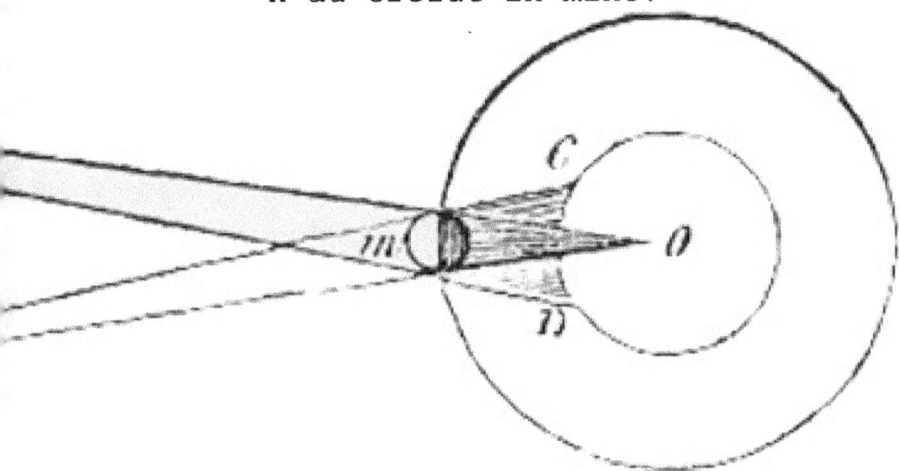

www.ingramcontent.com/pod-product-compliance
Lightning Source LLC
Chambersburg PA
CBHW060534030426
42337CB00021B/4259